AF230849

NAPOLÉON

ET

LES COMMUNES.

T - 56

2251

NAPOLÉON

ET

LES COMMUNES

PAR

HIPPOLYTE ROCHE

AVOCAT, ANCIEN RÉDACTEUR EN CHEF DU *Journal des Conseillers municipaux*,
AUTEUR D'UN *Essai de décentralisation administrative pratique*, etc.

*Les communes doivent être
attractives de la population.*

(NAPOLÉON Ier.)

PARIS

IMPRIMERIE ADOLPHE LAINÉ

RUE DES SAINTS-PÈRES, 19

1869

NAPOLÉON

ET

LES COMMUNES.

Dans une lettre adressée à Lucien Bonaparte, nommé Ministre de l'Intérieur le 4 nivôse an VIII (1), et que l'Empereur Napoléon III rapporte dans ses œuvres (2) comme un des documents les plus propres à démontrer la grandeur et l'utilité des Idées de son Oncle, le Premier Consul signalait la nécessité de mesures à prendre pour assurer la *prospérité de la France par les communes* en rendant ces dernières florissantes et *attractives de la population*.

Les circonstances de l'époque n'ont pas permis, il est vrai, de poursuivre immédiatement l'entière exécution de ce grand projet ; mais l'importante question de l'enrichissement des communes ainsi posée, au commencement du siècle, par l'illustre fondateur de la Dynastie Napoléonienne, était naturellement comprise dans le programme de réformes utiles et d'améliorations diverses que le second Empire était appelé à accomplir. De là résultait une garantie suffisante des efforts persévérants que devait s'imposer le Gouvernement Impérial pour amener progressivement la solu-

----

(1) *Correspondance de Napoléon Ier*, tome VI, p. 64.
(2) *Œuvres de Napoléon III*, tome Ier, p. 175.

tion de ce problème. Aussi, grâce à la bienfaisante influence des actes tutélaires du Pouvoir central, la situation financière des communes s'est-elle, en quelques années, modifiée très-avantageusement. C'est ce que constate le rapport adressé à S. M. l'Empereur, le 20 mars 1865, par M. Boudet, alors Ministre de l'Intérieur (1). La grande mesure de l'achèvement des chemins vicinaux, due à l'initiative Impériale (2) et édictée par la loi du 11 juillet 1868, est la dernière et la plus éclatante preuve de cette haute sollicitude pour les intérêts municipaux. En favorisant l'exécution des travaux agricoles ainsi que la circulation des produits de l'agriculture et de l'industrie, elle sera, pour les communes et les populations rurales, un puissant élément de prospérité. Mais ce perfectionnement des voies

(1) *Moniteur universel* du 8 juillet 1865.

(2) La preuve officielle de cette glorieuse initiative se trouve dans la mémorable lettre écrite par l'Empereur au Ministre de l'Intérieur, au mois d'août 1861, et dans laquelle on lit : « *Les communes rurales, si longtemps négligées, doivent avoir une large part aux subsides de l'État, car* L'AMÉLIORATION DES CAMPAGNES EST ENCORE PLUS UTILE QUE LA TRANSFORMATION DES VILLES. *Il faut poursuivre avec vigueur l'achèvement des chemins vicinaux; c'est le plus grand service à rendre à l'agriculture..... »*

S'associant à cette noble pensée, le Corps Législatif vota alors un crédit de 25 millions qui, réparti en cinq annuités, fut affecté à aider les communes dans la construction de leurs chemins vicinaux, en commençant par ceux de moyenne communication.

D'après les calculs officiels, 21,000 kilomètres de chemins ont pu, au moyen de ce subside, être amenés en cinq ans à l'état d'entretien.

Mais là ne devait pas se borner l'intervention du Souverain, qui a provoqué, par une nouvelle lettre du 15 août 1867 au Ministre de l'Intérieur, encore présente à tous les souvenirs, *l'achèvement du réseau des voies vicinales.* Cette mesure, définitivement consacrée, après une longue enquête, par la loi du 11 juillet 1868, est incontestablement l'une des œuvres capitales de ce Règne si fertile en grandes choses.

de communication, cette facilité assurée au transport des richesses que la Nation retire actuellement du sol, semblent appeler de plus larges progrès dans la production générale agricole et des améliorations plus nombreuses dans les finances communales. Il serait donc tout à fait opportun, pendant que s'exécuteront sur les divers points du territoire de l'Empire les utiles travaux destinés à compléter le réseau des voies vicinales, de poursuivre simultanément l'application de moyens propres à donner au mouvement toujours ascendant de la fortune communale et de l'industrie agricole une nouvelle et plus vigoureuse impulsion. On préparerait ainsi, en effet, la réalisation la plus complète du projet conçu par Napoléon Ier dans l'intérêt des communes.

En ce qui nous concerne, convaincu de l'immense portée de ce projet, nous avons, pendant plusieurs années, dirigé nos études vers la recherche d'institutions et de combinaisons pratiques susceptibles d'assurer en fait le développement de cette Idée Napoléonienne. Le moment nous paraissant favorable pour produire nos vues à cet égard, et encouragé d'ailleurs par les appels solennels que l'Empereur a maintes fois adressés aux idées *utiles et vraies*, nous croyons devoir exposer ici succinctement le résultat de nos méditations sur cet important sujet.

I

Accroissement des revenus communaux.

L'examen comparatif que nous avons fait de cinq cents budgets communaux environ, pris au hasard et se rattachant à des exercices plus ou moins reculés, nous a amené à reconnaître qu'il existe un assez grand nombre de ressources qui, utilisées isolément et de loin en loin dans quelques localités, sont négligées dans l'immense majorité des communes. Voici l'évaluation approximative, en moyenne, des recettes spéciales ainsi relevées dans ces cinq cents budgets :

a. Parmi les revenus généralement négligés, celui qui l'est le moins, puisqu'il se trouve dans dix communes sur cent, est le produit de la location de l'enlèvement des boues et immondices, mesure qui intéresse essentiellement la salubrité publique. Ce produit est inférieur à 100 francs dans la plupart des communes, et peut être évalué, en moyenne, comme ressource nouvelle, à...................... 60 fr.

b. Location des herbes des chemins et pâturages. (Ressource exploitée par quatre communes sur cent)..................... 60

c. Location du droit de tenir la fête patronale, les jeux, etc..................... 40

d. Droit de stationnement sur la voie pu-

A reporter.......... 160 fr.

Report	160 fr.

blique; location d'emplacements divers, places à fumiers, etc **200**

e. Boîte aux affiches. (Une seule commune sur cinq cents) **10**

f. Indemnité pour occupation temporaire de la mairie par suite d'adjudications publiques, etc **12**

g. Droit payé à la commune par les propriétaires qui veulent faire parquer de préférence sur leurs terres les moutons du troupeau commun **120**

h. Droit de chasse, abandon gratuit par les propriétaires au profit de la commune, qui le cède aux chasseurs moyennant redevance **30**

i. Droit de pêche, abandon par les riverains y ayant droit au profit des communes. *Mémoire*

j. Adjudication du droit de glandée, ainsi que du droit de ramasser les feuilles mortes dans les bois des particuliers qui en auraient fait abandon en faveur de la commune **60**

k. Glacière communale (produit applicable dans toutes les communes urbaines et dans un assez grand nombre de communes rurales) **40**

(A Châlons-sur-Marne il s'est élevé, en 1857, à la somme nette de 1,741 fr. 30 c.)

l. Produit de représentations théâtrales données par des amateurs au profit de la commune . . . . *Mémoire*

(La ville de Rodez a retiré, en 1858, 623 f.

A reporter	632 fr.

Report............. 632 fr.

des représentations théâtrales de la garnison (budget additionnel de 1858).

m. Produit de la location des regains, avec le consentement des propriétaires........ 50

(La commune de Monthois (Ardennes), dont la population n'est que de six cent quinze habitants, a retiré, en 1863, 250 fr. de cette location.)

n. Rétributions perçues au profit de la commune sur les personnes admises à visiter, soit les embellissements réalisés dans des propriétés privées, jardins, parcs, châteaux, etc., soit des musées, des collections, etc... *Mémoire*

A la Côte-Saint-André (Isère), petite ville d'eaux, simple chef-lieu de canton, une perception de cette nature a assuré à la commune des ressources suffisantes pour l'achèvement des travaux de reconstruction d'une église.

A Bagnères-de-Luchon, le curé de la paroisse a recueilli, par le même moyen, des sommes importantes dans l'intérêt de son église.

o. Cimetières : concessions de terrains pour sépultures, produit négligé dans beaucoup de communes rurales ; arbres, produits non spontanés, élagage, etc............. 30

Total............. 712 fr.

Nous ne citerons que pour mémoire d'autres sources de revenus mentionnées dans quelques-uns des cinq cents budgets examinés, telles que :

La taxe sur le rouissage des chanvres et lins,
Le produit de la bascule communale ;
Le produit de la pépinière communale ;
Le produit du four communal.

Nous croyons, toutefois, devoir placer ici une observation qui ressort du même travail, à savoir : que certains revenus, tels que les droits de voirie, les cotisations à exiger des industriels pour dégradations extraordinaires des chemins vicinaux, ou sont entièrement négligés, ou sont loin de produire ce qu'il serait possible d'en attendre.

Si une étude restreinte à cinq cents budgets seulement a pu amener les résultats qui viennent d'être exposés, on peut affirmer d'avance qu'en étendant ce travail aux budgets de toutes les communes de France, on découvrirait de nouveaux produits montant au moins à 10,000 francs (1).

Il importerait donc de généraliser cette étude, en la faisant porter sur l'ensemble des budgets communaux de l'un des derniers exercices.

Les indications, ainsi recueillies, seraient groupées et soumises aux délibérations des Conseils généraux et des Conseils municipaux, avec des instructions détaillées, donnant, sur les recettes nouvelles recommandées aux communes, toutes les explications nécessaires. Sans doute les diverses ressources relevées dans ce travail ne seraient pas indistinctement applicables partout ; mais chaque Conseil municipal ferait la part des convenances locales et pourrait ajouter, de son

---

(1) D'après le calcul des proportions, si, dans 500 budgets, on trouve des produits s'élevant à 700 fr., on devrait obtenir, par le dépouillement des budgets des 37,500 communes, un chiffre de 52,500 fr.

côté, aux exemples proposés les innovations dues à l'initiative personnelle des représentants directs de la commune.

On se ferait peut-être illusion, si l'on supposait que les revenus annuels de chaque commune pourraient, par ce moyen, s'accroître de 10,000 francs; mais, l'augmentation possible ne fût-elle en moyenne que de 500 ou même de 100 francs par an, les efforts du Gouvernement pour obtenir ce résultat seraient amplement justifiés. Nous irons encore plus loin, et nous dirons qu'alors même que la majorité des communes ne répondrait pas à cet appel de l'autorité supérieure, elles ne pourraient se dispenser de voir dans ces efforts tutélaires du Pouvoir central pour accroître leurs ressources une nouvelle preuve de la constante sollicitude du Gouvernement Impérial pour les intérêts communaux. On obtiendrait donc tout au moins un grand effet moral.

Ainsi se réaliserait, dans les conditions d'une incontestable utilité pratique, la grande enquête administrative que demandait le Premier Consul pour faire déterminer, par les parties intéressées elles-mêmes, les meilleurs moyens de consolider et accroître la fortune communale (1).

(1) Ce Mémoire ayant pour objet la défense des intérêts communaux, il ne sera peut-être pas hors de propos de rappeler ici la demande d'une autre enquête qui touche à ces mêmes intérêts et que nous avons formulée, à la date du 25 novembre 1861, dans notre *Essai de décentralisation administrative pratique, ou Exposé de quelques moyens propres à simplifier et accélérer les affaires administratives dont la décision est maintenue au Pouvoir central.*

« Les lentes formalités de l'administration centrale, avons-nous dit dans cette brochure, compromettent les intérêts par les retards qu'elles apportent aux décisions provoquées. Ainsi, le véritable siége du mal depuis si longtemps signalé se trouve dans la lenteur et les abus enfantés par la routine administrative. Ces abus, qui, avant les

Cette mesure pourrait encore avoir pour résultat l'adoption d'un modèle uniforme de budget commu-

décrets des 25 mars 1852 et 13 avril 1861, pesaient sur toutes les affaires sans distinction, n'atteignent plus, il est vrai, que celles dont la connaissance a été réservée au Pouvoir central; mais, comme ces affaires sont les plus importantes par leur nature et leur objet, les retards qu'elles subissent entraînent encore de graves préjudices pour les parties intéressées.

« Les décrets des 25 mars et 13 avril sont donc loin d'avoir entiè-rement remédié aux inconvénients qui pouvaient résulter d'une cen-tralisation excessive. Pour leur donner l'utile complément qu'ils ré-clament, il devient nécessaire d'attaquer résolûment les abus qui subsistent, de déclarer une guerre impitoyable à la *paperasserie bu-reaucratique*, et d'arriver, par une suppression rationnelle de toutes les formalités ou écritures inutiles, à assurer la conclusion la plus prompte possible des affaires sur lesquelles le Gouvernement est appelé à statuer.

« Notre siècle a vu s'accomplir d'immenses progrès. La vapeur a imprimé aux communications une rapidité vertigineuse; l'électricité, complaisante messagère de l'homme, franchit les distances avec une vitesse presque égale à celle de la pensée; enfin, comme si ces deux puissantes forces, arrachées à la nature par le génie moderne, de-vaient se communiquer à tout, les travaux publics, depuis quelques années, s'exécutent, sous une haute impulsion, avec une célérité qui tient du prodige. Au milieu de cet élan général, la bureaucratie pourrait-elle rester seule stationnaire et se traîner misérablement dans l'ornière des traditions surannées? Non, certes. La pensée ré-novatrice d'en haut ne saurait être plus longtemps émoussée par la force d'inertie des bureaux. Le moment est donc venu, pour l'Admi-nistration centrale, de se transformer et de communiquer à ses al-lures tardigrades une parcelle de la fébrile activité qui règne autour d'elle.

« Pour assurer ce résultat, si conforme aux vues de l'Empereur et de ses Ministres, ce n'est pas trop du concours dévoué de tous les employés des Administrations centrales. *Une enquête générale devrait être ouverte parmi eux, afin de provoquer les observations pratiques de tous les fonctionnaires, même des rangs inférieurs.* Ce n'est, en effet, que par un examen minutieux, bureau par bureau, de tous les dé-tails les plus infimes de l'Administration, que l'on peut espérer d'ar-river sérieusement et partout à une simplification réelle des affaires. Or les hommes les plus compétents pour signaler les inconvénients du régime actuel et les modifications à y apporter sont incontesta-

nal qui simplifierait le contrôle des Préfets et de l'Administration supérieure (1).

blement ceux qu'une pratique de tous les jours a initiés aux divers détails du mécanisme administratif. »

(Ces considérations exposées, nous avons déclaré nous inscrire le premier sur le registre de l'enquête dont nous proposions l'ouverture, et, après avoir indiqué diverses mesures de simplification et d'accélération d'une certaine catégorie d'affaires, mesures qui ont été adoptées par M. le Ministre de l'Instruction publique et des Cultes d'alors (M. Rouland), ainsi que le constate sa circulaire du 10 avril 1862, nous avons terminé comme il suit :)

« Telles sont les observations qu'a suggérées à l'auteur de cet Essai une assez longue pratique administrative. Il désire vivement qu'elles puissent paraître assez importantes pour servir de point de départ à une enquête générale, dans laquelle seraient entendus tous les hommes sérieux et attentifs que comptent les bureaux de l'Administration centrale. Que chacun d'eux apporte sa pierre à cet édifice d'améliorations, et notre Administration française, dont la belle et puissante organisation est déjà si enviée des autres peuples, entrera dans une voie nouvelle de perfectionnements. »

(1) Nous ne nous sommes occupé, dans ce paragraphe, que des budgets communaux ; mais, bien que nous n'ayons pas fait la même étude partielle sur les budgets des Fabriques d'églises, nous sommes disposé à croire qu'un travail analogue d'investigation pourrait être très-utilement entrepris à cet égard, dans le but d'augmenter les ressources, généralement si restreintes, des églises, surtout des paroisses rurales. Ainsi appliquée et généralisée, la mesure dont il s'agit donnerait satisfaction tout à la fois à l'élément civil et à l'élément religieux dans toutes les communes de l'Empire.

II

Sociétés civiles agricoles communales.

Indépendamment des sources nouvelles de revenus qui, à la suite du travail mentionné dans le paragraphe précédent, seraient reconnues pouvoir s'ajouter, sur les budgets communaux, à la nomenclature des recettes actuelles, il est possible de trouver, dans diverses opérations particulières, d'autres éléments de richesse, soit pour les communes elles-mêmes, soit pour leurs habitants en général. Seulement, la nature même des choses s'oppose à ce que ces opérations soient entreprises et dirigées par les Conseils municipaux et les Administrations communales. Nous proposerions, dès lors, de créer successivement, à cette fin, dans les communes rurales, des Sociétés civiles agricoles, que nous serions tenté d'appeler des *communes libres*, parce qu'elles auraient pour mission d'assurer la prospérité communale sans être circonscrites, comme les Conseils municipaux, dans la stricte observation des lois d'organisation, d'attributions et de comptabilité qui les régissent. Affranchies de tous liens autres que ceux de leurs statuts civils, et organisées d'ailleurs pour le bien, ces Sociétés auraient devant elles, pour l'accomplissement de leur mission, un vaste champ d'améliorations qui ne serait, en quelque sorte, limité que par le chiffre de leurs ressources. Elles pourraient, en effet, se proposer notamment :

1° D'acheter des machines agricoles perfectionnées pour les mettre, moyennant rétribution, au service des habitants, partout où le besoin en serait reconnu, et suppléer ainsi à l'insuffisance, depuis longtemps constatée, de la main-d'œuvre dans les campagnes ;

2° De prêter à cheptel les meilleures espèces de bestiaux, et, généralement, de concourir, par une action directe ou indirecte, à l'accroissement de plus en plus nécessaire de la production de la viande.

Il s'est formé, à diverses reprises, des Sociétés de cheptel dont le succès aurait puissamment contribué, d'une part, au progrès de l'agriculture par l'augmentation de la quantité des engrais utilisables, et, d'autre part, aux besoins de la consommation générale par la diminution du prix de la viande de boucherie. Mais toutes ces Sociétés ont échoué parce que leurs administrations siégeaient loin du domicile des preneurs, et que la surveillance, indispensable dans les opérations de cette nature, ne pouvait ainsi s'exercer utilement. Les baux à cheptel, pour être sincères et efficaces, doivent être contractés dans la commune même, entre parties présentes et non par mandataires, de telle sorte que la surveillance, en se localisant, soit incessante. Or, toutes les conditions de succès se trouveraient réunies dans les baux consentis par une Société agricole communale, dont les divers membres veilleraient sans déplacement et sans peine à la loyale et fidèle exécution des contrats ;

3° D'utiliser, par des procédés faciles, des engrais qui sont presque partout négligés, au grand détriment de l'agriculture ;

4° De commanditer de petites industries agricoles ;

5° De constituer un puissant élément d'ordre en

contribuant à augmenter le plus possible te nombre des propriétaires par le moyen suivant : chaque Société acquerrait pour son compte des immeubles qu'elle revendrait ensuite en détail aux habitants les moins aisés, moyennant de faibles annuités comprenant le capital et les intérêts. Les acquéreurs auraient la faculté de se libérer partie en espèces, et partie, soit en journées entières de travail, soit en demi-journées, c'est-à-dire en prestations, dont ils percevraient la moitié en argent et l'autre moitié en quittances de leur prix d'acquisition. Ces journées représenteraient, pour la Société civile, une valeur non moins certaine que l'argent, car, si elle n'en disposait pas pour les travaux qu'elle aurait à faire exécuter elle-même, elle les céderait aux cultivateurs, au prix courant de la contrée ;

6° De faire construire, au profit des mêmes familles, et suivant un système analogue, si heureusement inauguré à Paris en faveur des ouvriers par S. M. l'Empereur, de petites maisons ou autres bâtiments ruraux ;

7° De former des associations de production sur le modèle des *fruitières du Jura,* sauf les modifications résultant de la différence des localités ;

8° De créer des moyens de vente des produits agricoles de la commune, par l'établissement de correspondances avec Paris et d'autres centres de consommation ;

9° D'effectuer, le long des chemins vicinaux ou sur des immeubles appartenant privativement aux habitants, pour le compte et avec le consentement des communes et des propriétaires qui ne pourraient ou ne voudraient point en supporter les frais, des plantations d'arbres fruitiers de haute tige, choisis parmi les

espèces les plus rustiques, et dont les produits seraient attribués en partie à la Société civile qui aurait
fait exécuter les plantations. Ces opérations, dans les
localités où elles seraient praticables, présenteraient le
triple avantage d'augmenter les ressources de certains
propriétaires peu aisés et de créer, tant pour les communes que pour les Sociétés civiles, une nouvelle source de
revenus, dont il est facile d'apprécier toute l'importance, quand on considère la multiplicité des usages
auxquels peuvent être affectés les fruits de toutes
sortes et les nombreuses transformations qu'ils sont
susceptibles de subir dans l'intérêt du producteur et
de la consommation générale.

Supposons quatre kilomètres de chemins vicinaux
garnis, de chaque côté, d'arbres fruitiers placés à dix
mètres environ de distance en ligne, de manière à
ne pas nuire par leur ombrage à la voie publique. On
aura ainsi huit cents arbres qui, à 4 fr. chacun,
produiront, après un certain nombre d'années, un
revenu de 3,200 fr. (1).

Si les plantations ne pouvaient, pour un motif quelconque, dans certaines localités, être effectuées sur
le sol même des chemins vicinaux et communaux,
elles pourraient l'être sur les héritages riverains, avec

---

(1) D'après une note insérée à la page 257 du *Traité de la taille
des arbres fruitiers*, par M. Hardy (5ᵉ édition), voici le produit moyen
des arbres cultivés en plein vent dans l'arrondissement de Sainte-
Menehould, dès qu'ils ont atteint tout leur développement.

Un cerisier rapporte environ 70 kilogrammes de fruits, à 20 fr. les
100 kilogr. = 14 fr.; — un prunier, 80 kilogr., à 15 fr. les 100 kilogr.
= 12 fr.; — un poirier, 10 doubles décalitres, à 1 fr. 25 c. = 12 fr. 50 c.;
— un pommier, 20 doubles décalitres, à 0 fr. 80 c. = 16 fr.

Nous ajouterons qu'au mois d'octobre 1867, nous avons vu, dans
un autre département, vendre 60 fr. les fruits d'un seul pommier en
plein vent. L'évaluation ci-dessus de 4 fr. par arbre est donc loin
d'être exagérée.

le consentement des propriétaires et moyennant partage des fruits entre eux et les Sociétés civiles, dans les proportions déterminées par la convention.

Les plantations pourraient s'étendre, en outre, aux rues, avenues et places publiques dont la disposition s'y prêterait. C'est ainsi qu'à Mantes (Seine-et-Oise), l'avenue Magnanville est plantée de cerisiers dont la récolte est, chaque année, vendue par adjudication publique. Le produit de cette adjudication s'est élevé, en 1856, à 175 fr., et, une autre année, à 300 fr.

Les plantations sur le sol des routes départementales constituent actuellement, pour les départements, une simple charge qui vient s'ajouter à celles d'établissement et d'entretien de ces voies de communication. Les départements pourraient céder, soit aux communes traversées par les routes, soit aux Sociétés civiles de ces communes, le droit de faire ces plantations et d'en recueillir exclusivement les produits. Dans un avenir donné, ce revenu constituerait une nouvelle ressource d'une certaine importance.

La même observation pourrait s'appliquer aux routes impériales.

10° Les Sociétés civiles pourraient encore se proposer de réaliser, dans les propriétés privées qui en seraient susceptibles, toutes autres améliorations, moyennant participation à l'accroissement de produits provenant de la plus-value, etc., etc., etc.

On peut, sans exagération, évaluer à 20 p. 100, en moyenne, le revenu annuel du capital engagé dans chaque Société. La location des machines et le cheptel donneront, à eux seuls, un produit bien supérieur. Une Société qui aurait un capital de 30,000 fr. réaliserait donc 6,000 fr. de bénéfices annuels. Même en réduisant cette évaluation de moitié, on obtiendrait déjà un beau résultat.

Chacune de ces associations constituerait l'être juridique *Société* consacré par les dispositions du Code Napoléon. Elle pourrait, ou demeurer purement civile et indépendante si elle était formée par des particuliers et des capitaux privés, ou revêtir un caractère plus élevé en se plaçant sous la tutelle du Gouvernement, à titre d'*Établissement d'utilité publique*. Rien ne s'opposerait, du reste, à ce que des dispositions spéciales fussent édictées pour réglementer la matière et imposer aux Sociétés telles conditions que le Gouvernement jugerait convenables.

Au point de vue du personnel, ces Sociétés pourraient être facilement organisées dans la plupart des localités. Le premier élément de leur composition comprendrait, en effet, dans chaque commune, le maire et l'adjoint, le curé, l'instituteur, les membres ou les principaux membres du conseil municipal, les habitants notables par leur fortune, leur position sociale ou leurs fonctions, sans distinction de sexe, ou signalés par des services déjà rendus à la commune. Les membres ainsi constitués en Société civile choisiraient parmi eux, à la majorité des voix, un conseil d'administration qui serait chargé de la gestion des affaires de la Société et nommerait lui-même les agents inférieurs et salariés dont le concours serait jugé nécessaire.

Quant à l'organisation financière, les Sociétés civiles seraient fondées au moyen de deux sortes de capitaux : les capitaux intéressés, fournis par les actionnaires participant aux émoluments et aux charges dans la proportion de leurs apports, et les capitaux désintéressés ou de dévouement, comprenant les

fonds produits par le placement de titres de fondateurs-bienfaiteurs, les libéralités, les subventions, les
souscriptions volontaires, les représentations théâtrales, concerts, tombolas et autres fêtes qui seraient
organisées dans l'intérêt de l'institution, ou par toutes
autres combinaisons qui pourraient être employées
pour augmenter dans la Société le fonds gratuit.

Indépendamment de l'influence générale qu'exer-
cerait chaque Société par la mise en pratique des bons
procédés agricoles et des machines perfectionnées,
par l'utilisation de forces et de valeurs aujourd'hui
perdues, par la vulgarisation des meilleures méthodes
de fabrication ou de préparation de produits destinés
aux usages divers des familles, etc., elle rendrait encore d'éminents services à la bienfaisance publique.
En effet, les bénéfices afférents à la partie du fonds
social provenant de libéralités, de subventions, etc.,
et auxquels pourrait s'ajouter un prélèvement de 10 p.
100 sur les dividendes des actions intéressées, formeraient un patrimoine commun qui serait employé,
dans des proportions déterminées par son importance
et les besoins relativement variables des localités, à
des affectations de haute utilité publique telles que
les suivantes :

— Payement des plus faibles cotes de contribu-
tions ;

— Assurance de valeurs mobilières et immobilières
des habitants les moins aisés, ainsi que des personnes
elles-mêmes, dans les cas prévus par la loi du 11 juillet 1868 ;

— Soulagement des vieillards indigents ;

— Encouragement des institutions de prévoyance
dans la commune ;

— Institution de prix spéciaux à distribuer aux

2

élèves des écoles primaires et des cours d'adultes, et consistant en livrets ou bons destinés à provoquer et développer les habitudes d'épargne dans les familles (1) ;

— Prix de culture et d'économie rurale et domestique ;

— Formation de jardins modèles pour vulgariser la connaissance des principes de l'horticulture et de l'arboriculture ;

— Distribution gratuite d'arbres et plantes ou de graines de plantes utiles ;

— Achat d'immeubles ou de rentes pour être abandonnés en jouissances aux plus anciens ménages d'habitants. Les jouissances communales de cette nature sont déjà consacrées dans certaines communes par un long usage ; leur multiplication produirait un bien inappréciable en rendant les communes essentiellement *attractives* et, qu'on nous permette ce néologisme, RÉTENTIVES *de la population ;*

— Exécution de travaux d'utilité communale ;

— Formation, par voie de capitalisations successives, de réserves importantes applicables à des besoins communaux futurs ;

— Institution de dots pour l'établissement dans la commune de jeunes filles pauvres qui se seraient fait remarquer par leur aptitude et leur application soutenue aux travaux de l'agriculture ou du ménage, leur dévouement à leurs parents, etc. ;

— Prêts d'honneur, etc., etc., etc.

Les communes les plus riches comme les plus pauvres, retireraient de cette organisation de précieuses ressources, tant pour le présent que pour l'avenir.

_(1) Voir ci-après, page 28, le paragraphe relatif à la *Caisse populaire de prévoyance et d'économie.*

En outre, sous l'active et tutélaire impulsion du Gouvernement, qui trouverait en elles des auxiliaires multiples et dévoués, les Sociétés civiles communales seraient partout, pour le bien du pays et la gloire de l'Empire, les sentinelles vigilantes du progrès agricole, les protectrices des intérêts matériels et moraux des populations rurales.

Elles assureraient ainsi l'extension et la généralisation des bienfaits qui ont été accomplis, sous les hautes inspirations du Souverain, par le Ministère de la Maison de l'Empereur et des Beaux-Arts, dans les établissements agricoles de la Couronne (1).

Sous un autre aspect, l'institution des Sociétés civiles, en admettant un nombre presque illimité d'associés, qui participeraient, au moins indirectement, à la défense des intérêts communaux, donnerait satisfaction à de nombreuses ambitions locales qui briguent l'honneur de représenter la commune et auxquelles les dernières élections n'ont pas ouvert la porte des Conseils municipaux. Elle rapprocherait les diverses classes de la société, et tendrait à cimenter leur

(1) Les nombreuses et importantes créations et améliorations réalisées sur les domaines impériaux, et qui ont déterminé le jury de l'Exposition universelle à décerner à l'Empereur une médaille d'or et à inscrire son nom en tête de la liste des récompenses accordées aux exposants des groupes agricoles et horticoles (classe 74), ont été spécialement énumérées dans un très-intéressant article de M. Gillet-Damitte, inséré au *Moniteur universel* du 27 février 1868, et reproduit dans le *Moniteur du soir* des 23 et 29 février. Elles avaient été précédemment rappelées, en même temps que toutes les admirables institutions d'utilité publique dues à l'initiative de Leurs Majestés Impériales, ou développées et transformées par l'action incessante de leur haute sollicitude, dans un autre article dû à la plume élégante de M. Norbert Billiard et publié sous ce titre : « *Le Groupe de l'Empereur* » (à l'Exposition universelle). *V.* le *Moniteur universel* du 23 décembre 1867 et le *Moniteur du soir* du lendemain 24.

union en favorisant le développement de ce sentiment si éminemment chrétien et patriotique qui place au-dessus des inspirations de l'égoïsme et des calculs individuels la pratique du dévouement à l'intérêt public.

L'admission des femmes dans ces Sociétés ne pourrait également qu'être accueillie avec faveur par cette intéressante partie de la population qui n'est pas sans influence sur les opinions et les résolutions du sexe le plus fort.

Enfin, cette organisation pourrait entraîner encore la création de nouvelles fonctions gratuites et honorifiques : celles d'inspecteurs ou délégués choisis dans chaque arrondissement parmi les hommes les plus éclairés et les praticiens agricoles les plus recommandables. Par leurs visites et leurs conseils fréquents, ces délégués stimuleraient, au besoin, l'action des Sociétés, et, par l'intermédiaire de MM. les Préfets et Sous-Préfets, tiendraient l'Administration supérieure au courant des progrès accomplis ainsi que des difficultés qui pourraient s'opposer, dans certaines localités, à l'entière réalisation des vœux du Gouvernement.

III

Moyens financiers de réalisation des Sociétés civiles communales.

Avant de proclamer publiquement l'utilité de l'institution et d'en provoquer l'application générale, la prudence conseille de procéder à un ou plusieurs essais préalables. Si cette expérience est concluante, il est permis d'espérer qu'il se produira un certain mouvement d'opinion qui déterminera la formation, dans un plus ou moins grand nombre de localités, de Sociétés civiles dues à l'initiative de quelques riches propriétaires et au concours d'hommes de bien et de dévouement ; mais il serait téméraire de compter sur ce seul moyen de réalisation. On ne saurait, en effet, se dissimuler que ce n'est pas l'esprit d'initiative qui distingue la plupart des administrateurs des communes rurales non plus que les habitants des campagnes en général. D'un autre côté, on est habitué, en France, à l'intervention directe de l'État pour l'exécution des grandes mesures d'intérêt public. Il serait donc indispensable que l'élan fût imprimé par le Gouvernement lui-même. Il semblerait, en outre, au premier abord, que le concours financier de l'État dût être assuré pour la fondation des Sociétés civiles communales.

Mais il ne serait guère possible, même après quelques essais favorables, de généraliser immédiatement l'application de la mesure et de l'étendre à toutes les

communes indistinctement. La force des choses exige-
rait que l'on procédât successivement et graduelle-
ment en affectant tous les ans une certaine somme à
un nombre déterminé de communes désignées par
le sort parmi celles qui, dans chaque département,
se trouveraient prêtes à organiser le système des Sociétés civiles.

Pour l'application de la mesure ainsi restreinte, on
pourrait rigoureusement se dispenser de recourir au
Trésor ou à son crédit, et il ne serait pas impossible
de trouver quelque combinaison qui permît de créer,
en dehors des ressources financières de l'État, des revenus spéciaux destinés à cette œuvre d'utile propaga-
tion.

Ainsi, il est probable que l'on obtiendrait ce résultat, au moyen du prélèvement de 50 p. 100 sur les
bénéfices nets d'une compagnie anonyme d'assurances,
qui pourrait être créée en vue de ce grand intérêt na-
tional, *pour fonctionner à partir du* 15 *août* 1869, et
dont l'organisation, fondée sur des bases entièrement
nouvelles, est présumée devoir donner un développement exceptionnel au principe de l'assurance.

Cette assurance nouvelle, remarquable par sa sim-
plicité même, dont la nature et la forme sont indiquées dans le modèle de *billet d'assurance* ci-joint (v.
page 35), ne serait appliquée d'abord qu'à l'incendie;
mais elle serait presque simultanément étendue à la
grêle, à la *mortalité du bétail,* à la *gelée* et aux *inonda-
tions,* afin de couvrir tous les risques qui affectent la
propriété rurale et dont les Sociétés existantes ne les
garantissent qu'imparfaitement (1). Ce système pour-

---

(1) Aucune Compagnie d'assurances ne garantit encore contre les
risques de la gelée et de l'inondation.

rait même être ultérieurement appliqué aux assurances sur la vie, dont il faciliterait la vulgarisation en simplifiant les rouages administratifs des Sociétés actuelles.

Pour faire apprécier toute l'importance du concours qui serait ainsi attribué à l'institution des Sociétés civiles communales, il suffira de rappeler un fait relatif à la Compagnie d'assurances contre l'incendie d'Aix–la–Chapelle et de Munich, fondée il y a quelques années. Aux termes d'une clause imposée à cette Société lors de sa fondation, elle doit distraire, chaque année, *quelques centièmes* de ses revenus nets au profit d'œuvres d'utilité publique, à son choix. Aujourd'hui ce fonds forme une somme annuelle de 400,000 fr. environ, dont la Société alloue la plus forte partie aux institutions agricoles, et notamment aux *stations d'essais agricoles de l'Allemagne* (1).

Si, au lieu d'abandonner 5 p. 100, par exemple, de ses bénéfices nets, cette Société d'assurances allouait 50 p. 100, comme se proposerait de le faire *la Communale*, elle affecterait à des subventions d'utilité publique 4,000,000 fr. par an. Or, il est permis de croire qu'à raison de sa forme nouvelle et du caractère d'utilité essentiellement communale qu'elle revêtira, la Société française projetée étendrait, par les diverses assurances agricoles, le cercle de ses opérations de manière à pouvoir fournir aux Sociétés civiles une subvention annuelle de 10 à 15 millions au moins (2).

(1) Voyez, à cet égard, l'article sur les *Stations d'essais agricoles de l'Allemagne,* publié dans le *Moniteur* du 9 janvier 1868 (édition du matin), par M. J. Ichon, ingénieur au Corps impérial des mines.

(2) Voici quel serait, quant aux assurances contre l'incendie seulement, le champ d'action de *la Communale* :

Cette subvention constituerait, du reste, pour elles une précieuse ressource, dans le cas même où l'État interviendrait d'une manière quelconque pour faciliter la fondation des Sociétés civiles communales.

Il est à peine utile d'ajouter que la création d'une compagnie d'assurances de cette nature, par les services qu'elle rendrait à l'agriculture, aux communes et aux populations laborieuses, deviendrait un des moyens de réalisation des vues de Napoléon Ier. Son

Les valeurs assurables (contre l'incendie) en France, étant de 127 milliards. . . . . fr. 127,000,000,000

et les Compagnies actuelles n'assurant environ que. 47,000,000,000

il reste à assurer. 80,000,000,000

A ce chiffre, il convient d'ajouter, à titre d'assurances à réaliser sur les valeurs déjà assurées par les autres Compagnies, environ. 20,000,000,000

Total, pour l'incendie. . . . 100 milliards.

Mais ne portons qu'au tiers de ce chiffre le montant des assurances qu'effectuerait la Société nouvelle ; à 0 fr. 25 c. par 100 fr., elle recueillerait encore, en primes, environ. . . . . 80,000,000 fr.

Frais à prélever :

40 p. 100 pour les sinistres. . . . . 32,000,000 fr.

10 p. 100 en lots. 8,000,000

10 p. 100 de remises aux dépositaires de billets. 8,000,000

Frais généraux. 2,000,000

50,000,000 fr., ci 50,000,000

Resterait pour les bénéfices nets. . . . . 30,000,000 fr.

Défalcation faite de 20 p. 100 pour la réserve. . . 6,000,000

les bénéfices à partager seraient de. . . . . . . 24,000,000 fr.

dont moitié pour les sociétés civiles, soit. 12,000,000

En portant au quart de ce chiffre, ou. 3,000,000

la part des sociétés civiles dans les bénéfices nets devant provenir de l'ensemble des autres assurances (grèle, etc.), on arrive à la somme annuelle ci-dessus indiquée de. . . . . 15,000,000 fr.

utilité exceptionnelle justifierait amplement l'autori-
sation qui lui serait accordée de joindre des lots à ses
billets. Nulle loterie, en effet, n'a présenté jusqu'ici
un pareil caractère de bienfaisance. D'ailleurs, les
primes offertes ne donneraient pas prise aux objec-
tions qui, dans la session de 1868 du Corps législatif,
ont été dirigées contre les loteries en général, puisque
les lots les plus importants seraient délivrés, non en
capital, mais en rente incessible payable pendant
vingt ans.

IV

Instruction agricole complémentaire des femmes.

L'instruction agricole des femmes est aujourd'hui
presque entièrement négligée. On se borne, en effet
dans les écoles rurales, à enseigner aux jeunes filles,
la lecture, l'écriture, les éléments du calcul et les travaux d'aiguille ; mais cet enseignement, quelque avan-
tageux qu'il puisse être, a trop souvent pour consé-
quence, étant isolé de toute instruction agricole, d'ins-
pirer aux jeunes filles des familles les moins aisées une
certaine répulsion pour la vie des champs et le désir
de rechercher dans les villes des occupations plus en
harmonie avec les connaissances spéciales qu'elles ont
acquises à l'école (1).

(1) Cette tendance a été souvent signalée dans les enquêtes qui ont

Indépendamment de l'instruction primaire proprement dite et de l'instruction religieuse qui doivent former la première base de l'enseignement, il faudrait donc offrir aux jeunes filles et même aux femmes des campagnes une instruction complémentaire, comprenant, avec quelques éléments d'agriculture, des notions usuelles et pratiques de jardinage, d'arboriculture, de fabrication perfectionnée du beurre, du fromage et des divers objets de consommation ménagère destinés à la vente ; en un mot, des indications précises sur les meilleurs moyens de tirer parti de toutes les ressources et d'utiliser tous les petits produits qui sont à la disposition d'une maîtresse de maison à la campagne. Les économies et les bénéfices que l'on par-

précédé la reconnaissance légale d'établissements particuliers fondés par des congrégations de sœurs enseignantes. Nous nous bornerons à citer en ce sens l'avis émis, le 25 novembre 1855, par M. Michel Miqueléparity, ancien notaire et propriétaire à Sare (Basses-Pyrénées), commissaire-enquêteur chargé de recueillir les observations des habitants de cette commune sur la fondation d'un établissement de sœurs de la Croix dans la localité.

« L'institution des Filles de la Croix à Sare, a-t-il dit, est très-bonne et très-utile. Elle présente, néanmoins, parmi beaucoup d'avantages, quelques inconvénients. — Les jeunes filles, par la fréquentation trop prolongée de cette école, perdent les goûts et les habitudes agricoles. Elles montrent une préférence marquée pour les travaux d'aiguille, et de l'éloignement pour les travaux des champs. Elles tendent, en général, à devenir couturières, bonnes d'enfants ou femmes de chambre.— Il conviendrait de contre-balancer ou de détruire cette tendance en leur interdisant l'accès de l'école après leur première communion, et, au plus tard, à l'âge de treize ans. »

La mesure proposée par l'honorable commissaire-enquêteur comme correctif au mal qu'il signale est certainement trop radicale ; mais si, après leur première communion, ou même avant cette époque, les jeunes filles qui fréquentent l'école de Sare pouvaient recevoir, pendant le surcroît de temps actuellement consacré aux travaux d'aiguille, l'enseignement pratique agricole que nous recommandons, la tendance qu'elles manifestent à émigrer vers les villes serait singulièrement contre-balancée.

viendrait à assurer aux familles rurales par cet enseignement, non-seulement intellectuel, mais encore
oculaire et manuel, se chiffreraient par millions.

Pour parvenir à ce résultat si désirable, nous pro-
posons d'établir dans les dépendances d'un des établissements agricoles de la Couronne une école normale
agricole élémentaire et pratique, où viendraient se
former successivement : 1° des sœurs que les congrégations enseignantes de femmes seraient invitées à y
envoyer pour vulgariser dans leurs écoles rurales les
notions puisées dans cet établissement supérieur;
2° les institutions laïques qui voudraient introduire
ce même enseignement dans leurs classes.

On pourrait aussi fonder, soit une congrégation
religieuse à supérieure générale, qui prendrait le nom
de *Congrégation des sœurs de l'instruction agricole,* soit
des congrégations *diocésaines* du même nom, dont le
centre d'instruction pratique serait à l'École normale
ci-dessus indiquée. Leur mission consisterait à ouvrir
dans les campagnes des externats d'enseignement pratique où seraient reçues les jeunes filles sortant des
écoles primaires, ou bien encore de petits pensionnats
organisés sur le modèle de ceux dont M. l'abbé Niel,
Inspecteur d'Académie, a signalé l'existence dans le
département de la Drôme, et qui ont pour objet de
donner l'éducation primaire agricole sur place aux
jeunes filles de la campagne, en laissant aux parents
des pensionnaires le soin de fournir eux-mêmes les
aliments de leurs enfants (1).

Afin d'assurer le succès de cette idée, rentrant également par son objet dans le programme Impérial,

---

(1) Voyez l'extrait du Rapport de M. l'abbé Niel, au *Moniteur* du
12 octobre 1867.

nous prenons la respectueuse liberté d'en faire hommage à S. M. l'Impératrice, dont la haute protection est acquise à tous les progrès qui sont l'application ou le développement du principe chrétien. Aux titres de Fondatrice ou Patronesse des nombreuses œuvres dues à son ardente et inépuisable charité, viendra bientôt s'ajouter, nous osons l'espérer, celui d'Organisatrice et Protectrice générale des Communautés de *Sœurs de l'instruction agricole.*

V

Caisse populaire de prévoyance et d'économie.

Pour mettre les Sociétés civiles à même de réaliser entièrement, dans l'intérêt des communes, le programme qui a été tracé ci-dessus, et notamment d'encourager et propager, soit dans les écoles primaires, soit dans les familles, les habitudes d'épargne, il serait nécessaire d'ajouter aux institutions de prévoyance déjà existantes un établissement nouveau fonctionnant sous la haute direction et la garantie matérielle et morale de l'État : ce serait une *Caisse populaire de prévoyance et d'économie,* qui pourrait être placée sous le patronage de S. A. Mgr le Prince Impérial, et se rattacherait, sans que le Trésor eût à engager aucun capital spécial, aux services déjà confiés à la Caisse des Dépôts et Consignations.

Les opérations de cette Caisse consisteraient à émettre des *Bons à intérêts composés,* à 4 p. 100 ou même à un taux moindre, payables à diverses époques échelonnées de cinq à cinquante-neuf ans ou au-delà, et qui seraient délivrés contre le versement de sommes correspondant, d'après les tables d'intérêts composés, aux capitaux à obtenir après un nombre d'années déterminé.

Ainsi, en supposant l'intérêt à 4 p. 100, un Bon de 100 francs à intérêts composés, payable dans vingt ans, serait délivré contre le versement d'une somme de 46 francs environ.

Cette institution constituerait, dans les mains des Sociétés civiles communales, un puissant instrument de progrès, car elle se prêterait à une infinité de combinaisons. Citons-en une entre cent.

Un très-grand nombre de communes sont réduites, par la pénurie de leurs ressources, à l'impossibilité d'entreprendre la reconstruction d'une église qui menace ruine, l'édification d'une mairie, d'une maison d'école, d'un lavoir, etc. La *Caisse populaire de prévoyance et d'économie* leur fournirait le moyen de réaliser en peu d'années les ressources nécessaires par l'association et la capitalisation de minimes souscriptions dont les Sociétés civiles formeraient le premier élément. Des personnes intelligentes ont déjà eu recours, dans certaines localités, et sans avoir à leur disposition une caisse de capitalisation, à ce moyen de colliger et agglomérer de petites sommes, en vue de grandes entreprises à exécuter dans un temps déterminé; elles ont ainsi obtenu d'admirables résultats, dont l'organisation des Sociétés coopératives présente d'ailleurs des exemples frappants.

En effet, en consultant les tables d'intérêts composés, on acquiert la conviction que, dans une commune de mille âmes, une souscription de 5 centimes par semaine et par habitant, produisant 2,600 francs par an, assurerait, après vingt ans, à 4 p. 100, et à raison de 30 fr. 97 c. pour 1 franc, une somme de 80,522 fr. La même souscription, placée de la même manière, donnerait, après vingt-cinq ans, 112,606 francs, et, après trente ans, 151,632 francs. Les résultats que l'on peut obtenir dans cette voie sont donc incalculables.

Au point de vue des écoles et des familles, le même système de capitalisation servirait, sous l'impulsion et avec l'aide des subventions des Sociétés civiles, à constituer des dots différées ou d'autres ressources destinées à l'établissement des enfants, à leur libération du service militaire, etc. Sous ce rapport, on obtiendrait, par un placement hebdomadaire de 2 francs, 3,220 francs après vingt ans, et, avec 1 fr. 50 c. par semaine, 2,415 francs après la même période de vingt ans.

Les Sociétés d'assurances sur la vie s'occupent, il est vrai, d'opérations de cette nature; mais, outre qu'elles n'inspirent pas la confiance qui s'attacherait à un établissement placé sous la direction de l'État, elles n'admettent point des souscriptions de faible importance, comme devrait le faire la Caisse de prévoyance et d'économie pour mériter son titre de *Caisse populaire*. Les motifs qui ont déterminé la création des utiles Caisses d'assurance, en cas de décès et en cas d'accidents résultant des travaux agricoles ou industriels (Loi du 11 juillet 1868) s'appliquent donc ici avec une parfaite analogie.

Pour constituer cette Caisse, il suffirait d'insérer

dans la Loi de finances un article autorisant la Caisse des Dépôts et Consignations à émettre des *Bons à intérêts composés.*

Peut-être même cette création pourrait-elle être autorisée provisoirement par décret impérial.

A côté de ces *Bons à intérêts composés,* il serait à désirer que la Caisse pût aussi émettre des *Bons à intérêts simples,* calculés à raison de 1 centime par jour ou 3 fr. 65 c. par an, comme ceux qu'a émis, en 1864, le *Crédit agricole,* soit à tout autre taux, et indiquant au dos l'accroissement de valeur acquis jour par jour.

Ces bons, dont la limite *minima* devrait, bien entendu, être abaissée par la *Caisse populaire* au-dessous de celle de 100 francs qu'avait adoptée le Crédit agricole, offriraient, au peuple des villes et des campagnes, les avantages des chèques, sans nécessiter, comme ceux-ci, le dépôt préalable de capitaux relativement importants. A raison de la confiance exceptionnelle qu'inspirerait la Caisse populaire de prévoyance et d'économie, les Bons à intérêts simples seraient admis dans tous les magasins et par tous les fournisseurs en payement des marchandises que l'on prendrait chez eux. Dès lors, l'ouvrier pourrait, aussitôt qu'il aurait, par voie d'économie, réuni quelques Bons, faire, au comptant, des achats de meubles, vêtements, bois, etc. Il serait ainsi affranchi des exactions usuraires des vendeurs à la petite semaine et des prétendus avantages que lui offrent d'assez nombreux établissements où les marchandises vendues à crédit sont livrées moyennant le payement comptant de moitié, du tiers ou du quart du prix, lequel doit nécessairement être réglé en proportion des risques que font courir les mauvais payeurs.

Il y aurait donc là un grand service à rendre aux classes peu aisées des villes et des campagnes, une nouvelle et ingénieuse combinaison d'épargne à mettre à la disposition des Sociétés civiles communales.

En résumé, nous avons la confiance que le dépouil·lement général des budgets communaux ferait découvrir de nouvelles sources de revenus qu'il importe de ne pas négliger.

En ce qui concerne l'instruction agricole complémentaire des femmes et la Caisse populaire de prévoyance et d'économie, nous nous bornons à exprimer le vœu que S. M. l'Impératrice et S. A. Mgr le Prince Impérial daignent en accepter le patronage et en assurer ainsi le succès.

Quant aux Sociétés civiles communales, si l'idée est bonne, il est essentiel que le mérite et le bénéfice moral de l'initiative de cette grande mesure d'intérêt public remontent à l'Empereur. Dans cette intention, nous solliciterons de la munificence de Sa Majesté, en faveur de la première Société civile dont nous désirerions que l'organisation nous fût confiée dans une commune où nous avons depuis longtemps étudié tous les éléments de réalisation, le don d'une somme de 50,000 francs, destinée à une expérience pratique immédiate. Cette somme, dont la remise pourrait être effectuée après la constitution régulière de la Société, par l'intermédiaire du Préfet du département ou du Trésorier-Payeur général des finances, ne paraîtra pas exagérée si l'on veut bien considérer qu'il s'agit de la fondation d'une Société civile modèle devant servir de point de départ à toutes les autres, et à laquelle l'auteur du projet travaillerait avec ardeur à donner tous les développements pratiques que comporte l'idée (1). Il est indispensable, en effet, de se placer dans les meilleures conditions possibles pour procéder, quelques mois à peine avant le centième anniversaire de la naissance du glorieux fondateur de la Dynastie Napoléonienne, à cette première expérience décisive qui doit aboutir à un nouvel affranchissement des communes : affranchissement, dans une large mesure, de la misère et des causes multiples qui l'engendrent.

Tel est du moins le grand résultat que nous avons rêvé pour notre pays, et dont l'importance nous semble dépasser l'idéal de la *poule au pot* qui a tant contribué

---

(1) Voici, au surplus, quelles pourraient être approximativement la division et l'affectation de ce capital de 50,000 fr.

1° Frais de construction ou d'appropriation de bâtiments pour l'installation de divers services de la Société. . . . . . . 10,000 fr.

2° Achats de machines agricoles, etc. 15,000

3' Achats de bestiaux. 10,000

4° Fonds de roulement, destiné à s'accroître par les souscriptions d'actionnaires participants ou de fondateurs-bienfaiteurs, et qui servirait notamment à la construction de petites maisons et à l'acquisition d'immeubles pour être cédés aux habitants les moins aisés. (V. ci-dessus, p. 28.). 15,000

Total égal. . . . . 50,000 fr.

à populariser le nom d'Henri IV. Or, s'il est vrai,
comme on l'a dit souvent, que « en France le bien
rêvé est accompli », à plus forte raison faut-il recon—
naître que le rêve est presque la réalité lorsqu'il a été
inspiré par le Génie de Napoléon Ier et que sa réalisation dépend de la Volonté de Napoléon III.

27 avril 1869.

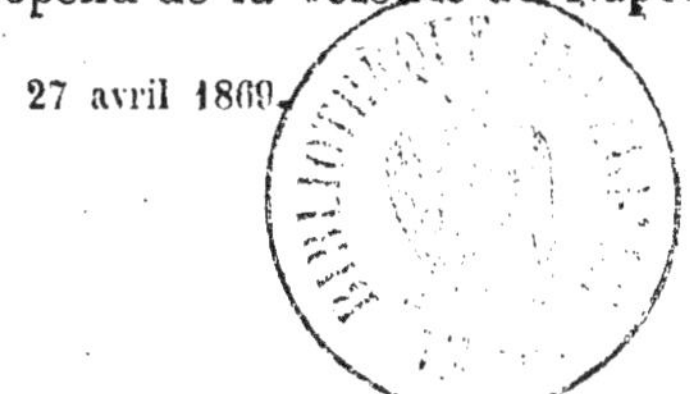

LA COMMUNALE

—

BILLET D'ASSURANCE

—

SÉRIE A.

N° _______________

____

PROPRIÉTÉ :

Nom du titulaire _______________

Prénoms _______________

Age _______________

Profession _______________

Domicile _______________

Date de la délivrance _______________

RENSEIGNEMENTS PARTICULIERS :

LA COMMUNALE

COMPAGNIE GÉNÉRALE FRANÇAISE D'ASSURANCES CONTRE L'INCENDIE, ETC.

(Voir ci-contre les conditions de l'assurance.)

1ʳᵉ CAISSE. — ASSURANCES CONTRE L'INCENDIE.

SIÉGE DE LA COMPAGNIE : *Rue* _______________, *à Paris.*

CONSEIL D'ADMINISTRATION :

MM. _______________   MM. _______________

DIRECTEUR GÉNÉRAL : *M* _______________

BILLET D'ASSURANCE

Série A. — N° ▓▓▓▓▓▓

(Valable du 15 août 1869 au 15 août 1870). — Ce numéro participe, dans sa série, au tirage de 000 lots ou primes montant ensemble à 000.000 francs.

LOT PRINCIPAL : 5,000 FRANCS DE RENTE PAYABLES PENDANT VINGT ANS.

PRIX DU BILLET : 25 CENTIMES.

Sont attribués à l'institution des Sociétés civiles pour le développement de la richesse communale, conformément aux engagements pris envers le Gouvernement : 1° 50 p. 0/0 des bénéfices nets de la Compagnie ; 2° la nue-propriété des lots délivrés en rente ; 5° les lots non réclamés dans les six mois du tirage.

PROPRIÉTÉ DU PRÉSENT BILLET	NOM DU TITULAIRE	PRÉNOMS	PROFESSION	AGE	DOMICILE	DATE DE LA DÉLIVRANCE

LA COMMUNALE

BILLET D'ASSURANCE

Formant titre d'assurance pour cent francs de valeurs mobilières ou immobilières

CONTRE L'INCENDIE

CONDITIONS DE L'ASSURANCE.

Article premier. — Le présent billet est valable dans toute la France pendant un an, du 15 août 1869 au 15 août 1870, à la seule condition d'être en la possession du titulaire depuis huit jours au moins.

Art. 2. — Le titulaire de ce billet en est propriétaire nominatif et ne peut en opérer la transmission. Le bénéfice de l'assurance qui y est attaché n'est susceptible d'être invoqué que par ce titulaire, et, en cas de décès, par ses héritiers naturels ou institués.

Art. 3. — La Compagnie assure, jusqu'à concurrence de cent francs, au profit du titulaire de ce billet, les valeurs mobilières et immobilières lui appartenant, savoir : 1° contre l'incendie, quelle que soit la cause du feu ; 2° contre l'action résultant soit du risque locatif, soit du recours des voisins, soit du recours des locataires contre les propriétaires. (Code Napoléon, art. 1733, 1734, 1383, 1384, 1385, 1386 et 1724.)

Art. 4. — La Compagnie n'assure pas les dépôts, magasins et fabriques de poudre à tirer, les titres de toute nature, les pierreries et perles fines non ouvragées, les lingots, monnaies d'or et d'argent, ni les billets de banque.

Art. 5. — Elle ne répond pas des incendies occasionnés par guerre, invasion, émeute, force militaire quelconque, volcans et tremblements de terre.

Art. 6. — Elle ne répond, en aucun cas, des objets perdus ou volés.

Art. 7. — Les tulles, dentelles, cachemires, bijoux, médailles, argenterie, tableaux, statues, et, en général, tous les objets rares et précieux, soit mobiliers, soit immobiliers, ne peuvent pas dépasser un tiers de la somme totale assurée.

Art. 8. — La Compagnie n'est responsable que des dommages matériels et ne doit aucune indemnité pour changement d'alignement, défaut de location ou de jouissance, résiliation de baux, chômage ou toute autre perte non matérielle.

Art. 9. — L'assurance ne pouvant jamais être une cause de bénéfice pour l'assuré, l'indemnité est réglée d'après la valeur vénale des objets existant au moment du sinistre.

Art. 10. — Dès que l'incendie se déclare, le titulaire doit employer tous les moyens en son pouvoir pour le combattre et pour sauver les objets assurés.

Art. 11. — Il doit, à ses frais, dans les vingt-quatre heures, faire au juge de paix ou au commissaire de police du canton une déclaration indiquant l'époque précise de l'incendie, sa durée, ses causes connues ou présumées, le point où il s'est manifesté, les moyens pris pour en arrêter les progrès, et toutes les circonstances qui l'ont accompagné ; la nature et la valeur approximative du dommage, enfin la nature et l'importance des assurances que ledit titulaire aurait déjà contractées avec d'autres assureurs.

Art. 12. — Il est tenu d'adresser, dans les cinq jours, au siége de la Compagnie, à Paris : 1° une expédition en forme de ladite déclaration ; 2° l'indication de tous les numéros des billets dont il est titulaire ; 3° un état estimatif des objets incendiés, avariés et sauvés. Cet état doit être certifié et signé par l'assuré, ainsi que par le maire et deux membres du conseil municipal de la commune, ou par deux fonctionnaires publics. — Toutes les signatures seront légalisées.

Art. 13. — Le titulaire qui n'aura pas rempli les formalités ci-dessus prescrites dans les délais déterminés sera déchu de tout droit à une indemnité.

Art. 14. — Si les bâtiments du titulaire sont détruits ou endommagés par ordre de l'autorité pour arrêter les progrès de l'incendie, la Compagnie l'indemnise dans la proportion du nombre des billets dont il dispose.

Art. 15. — L'assuré est tenu de justifier à la Compagnie ou à son représentant compétent de l'existence et de la valeur, au moment de l'incendie, des objets détruits ou détériorés, du montant du dommage ainsi que de son droit de propriété sur lesdits objets.

Art. 16. — La destruction totale des objets assurés ne dispense pas de la production des déclarations, états de perte et autres justifications ci-dessus indiquées.

Art. 17. — Le titulaire qui aurait fait des déclarations ou estimations mensongères ou employé tout autre moyen frauduleux pour se faire attribuer une indemnité supérieure à la perte éprouvée, perdra, par ce seul fait, tout droit à une indemnité quelconque.

Art. 18. — Les sinistres qui ne dépassent pas vingt francs ne donnent droit à aucune indemnité.

Art. 19. — Les dommages sont réglés de gré à gré, ou évalués contradictoirement par deux experts choisis, l'un par la Compagnie, l'autre par le titulaire sinistré. — Ces experts auront le droit d'exiger du titulaire toutes productions de pièces et justifications qu'ils croiront nécessaires, et de faire ou provoquer toutes enquêtes qu'ils jugeront utiles.

Art. 20. — Les experts s'adjoindront, en cas de désaccord, un tiers expert. Les trois experts opèrent en commun, à la majorité des voix. Faute par l'une des parties de nommer son expert, ou par les experts de s'entendre sur le choix du tiers expert, l'expert ou le tiers expert est désigné d'office, à la requête de l'une des parties, par le président du tribunal de commerce, ou, à défaut du tribunal de commerce dans l'arrondissement, par le président du tribunal de première instance. Les parties peuvent exiger respectivement que l'expert ou le tiers expert soit choisi hors du lieu où réside le titulaire. Les experts sont dispensés de toute formalité judiciaire.

Art. 21. — Les frais d'expertise sont payés, moitié par la Compagnie, moitié par le titulaire.

Art. 22. — L'indemnité due au titulaire est payée comptant, au siége de la Compagnie, à Paris.

Art. 23. — S'il y a plusieurs assureurs, la Compagnie ne supporte qu'une part proportionnelle des frais.

Art. 24. — La Compagnie se réserve, en cas d'incendie, ou dans les cas prévus par l'art. 15, ses droits et tous ceux de l'assuré, contre tous garants généralement quelconques, à quelque titre que ce soit, et notamment contre les locataires, voisins, auteurs de l'incendie, assureurs de toute nature, ainsi que contre les propriétaires (dans le cas où l'incendie aurait été causé par un vice de construction ou un défaut d'entretien). — A cet effet, le titulaire, en ce qui le concerne, la subroge sans garantie, par le seul fait du présent, et sans qu'il soit besoin d'aucun autre transport, mandat ou cession, à tous ses droits, recours ou actions. L'assuré est tenu, quand la Compagnie l'exige, de réitérer ce transport par un acte séparé et notarié, et même de réitérer la subrogation dans la quittance de l'indemnité.

Art. 25. — Si le feu se communique d'un bâtiment assuré par la Compagnie à un autre bâtiment qu'elle aurait également assuré, elle renonce à exercer son recours contre l'assuré dont le bâtiment aurait communiqué l'incendie.

Art. 26. — Tous les billets dont le montant a été, après un sinistre, payé au titulaire sinistré, sont annulés par le fait et demeurent acquis à la Compagnie

Art. 27. — (réservé.)

www.ingramcontent.com/pod-product-compliance
Lightning Source LLC
Chambersburg PA
CBHW061125050726
47594CB00005B/2101